초등 공부력 강화 프로젝트

그림 한자

동양북스 교육콘텐츠연구회 지음

단계 2

동양북스

슈퍼파워 미션 지도

매일매일 공부하면 한자 슈퍼파워가 생겨요!
하루에 한 장 열심히 공부하고 미션맵에 성공도장을 찍어 보세요!

무엇을 배울까요?

슈퍼파워 미션 지도 • 2
무엇을 배울까요? • 4
어떻게 사용할까요? • 6
지도 노하우 Q&A • 8

1주차 위치를 배워요.

1일	上자와 下자를 배워요. • 12
2일	左자와 右자를 배워요. • 16
3일	前자와 後자를 배워요. • 20
4일	全자와 方자를 배워요. • 24
5일	時자와 空자를 배워요. • 28

나는야 급수왕/놀이왕 • 32

2주차 시간·공간을 배워요.

6일	自자와 然자를 배워요. • 40
7일	江자와 海자를 배워요. • 44
8일	午자와 夕자를 배워요. • 48
9일	動자와 物자를 배워요. • 52
10일	活자와 命자를 배워요. • 56

나는야 급수왕/놀이왕 • 60

3주차 사람을 배워요.

| 11일 | 男자와 子자를 배워요. • 68 |
| 12일 | 食자와 口자를 배워요. • 72 |

13일	手자와 足자를 배워요. • 76
14일	家자와 主자를 배워요. • 80
15일	姓자와 名자를 배워요. • 84

나는야 급수왕/놀이왕 • 88

4주차 장소를 배워요.

16일	市자와 內자를 배워요. • 96
17일	電자와 氣자를 배워요. • 100
18일	工자와 場자를 배워요. • 104
19일	車자와 道자를 배워요. • 108
20일	世자와 間자를 배워요. • 112

나는야 급수왕/놀이왕 • 116

5주차 가치를 배워요.

20일	孝자와 心자를 배워요. • 124
21일	平자와 安자를 배워요. • 128
22일	正자와 直자를 배워요. • 132
24일	每자와 事자를 배워요. • 136
25일	不자와 休자를 배워요. • 140

나는야 급수왕/놀이왕 • 144

부록 슈퍼 그림한자 2단계 모아보기 • 152
한자능력검정시험 대비 7급Ⅱ 문제지 • 153
정답 • 155

어떻게 사용할까요?

이 책은 처음 한자를 접하는 학생들이 그림을 통해 좀 더 쉽게 한자를 배우는데 목표를 두고 다음과 같이 구성하였습니다.

1단계 매일매일 체크해요!
하루에 두 글자씩, 25일에 완성하는 그림한자 프로그램으로, 매일매일 체크하며 공부습관을 길러요!

2단계 그림으로 친해져요!
그림에 녹아 있는 한자와 한자어 낱말의 이야기를 잘 살펴보고, 한자를 천천히 따라 씁니다.

3단계 바르게 익혀요!
한자의 뜻과 소리를 큰 소리로 따라 읽으며 한자의 모양을 익힙니다. 한자가 쓰인 낱말을 읽으면 한자를 더 폭넓게 활용할 수 있어요.
그리고 한자를 획순에 맞추어 또박또박 씁니다. 천천히 뜻과 소리를 따라 읽으며 한 획씩 따라 쓰면 한자 슈퍼파워가 생겨요.

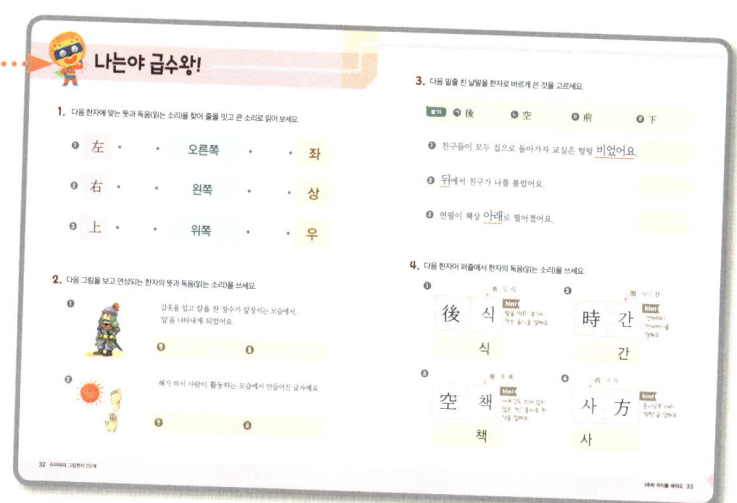

4단계 꼼꼼하게 확인해요!

한 주 동안 배운 한자의 뜻과 소리, 한자어 활용에 대한 다양한 문제를 풀며 한자능력검정시험을 준비할 수 있어요. 이렇게 문제를 풀다 보면 자연스럽게 어휘력도 쑥쑥 자라나요!

5단계 놀면서 배워요!

그림 속 숨어 있는 한자를 찾고, 친구와 함께 놀이를 하다보면 그동안 배운 한자를 오래 기억할 수 있어요!

6단계 미리 준비해요!

실제 시험을 대비해서 7급Ⅱ 한자시험을 풀어 보아요. 그동안 모아둔 슈퍼파워를 쓰면 아주 쉽게 시험에 합격할 거예요!

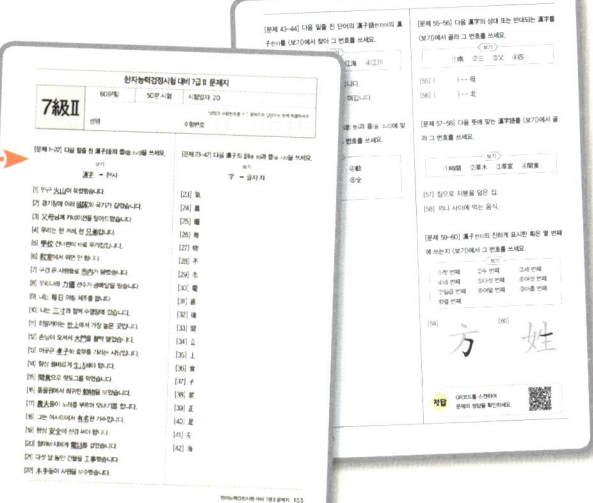

정답 QR코드를 스캔하여 문제의 정답을 확인하세요.

일러두기

본 교재는 사단법인 한국어문회 급수를 기준으로, 7급Ⅱ에 해당하는 한자로 구성되어 있습니다.
내용 중 급수에 포함되지 않는 한자는 본문에서 해당 급수를 표시하였습니다.

지도 노하우 Q&A

 한자를 배우면 무엇이 좋을까요?

　　한자는 우리말 낱말의 기초를 이루고 있어요. 우리말 중에서 한자로 구성된 낱말이 전체의 70% 이상을 차지할 정도로 많아요. 특히 학습에 필요한 낱말 중 90% 이상이 한자어이기 때문에 한자를 잘 알면 단순히 국어 실력만 높아지는 것을 넘어서, 수학이나 과학, 사회와 같은 과목 공부도 아주 쉬워지지요.
　　한자에는 '확장성'이라는 힘이 있기 때문에, 하나의 한자로도 수많은 낱말을 이해할 수 있게 됩니다. 예를 들어 '水(물 수)'라는 한자를 배우고 나면, '수돗물', '수영', '강수량' 등 정말 수없이 많은 단어를 이해할 수 있는 거예요. 그러니 처음부터 너무 겁먹지 말고 꾸준히 한자 공부를 이어나가도록 해요!

 어떻게 하면 효과적으로 공부할 수 있을까요?

　　한자는 맨 처음 그림에서 출발한 문자입니다. 특히 우리가 처음 배우는 기초한자의 경우에는 그림문자에서 나온 '상형문자'가 많아요. 그러므로 그림을 토대로 한자를 이해하면 한자의 뜻도 자연스럽게 알 수 있게 되는 거예요. 또 한자를 따라 쓰는 것은 아주 효과적인 방법입니다. 쓰기는 뇌 활성화에 큰 도움을 주기 때문에 그냥 외우는 것보다 더 오래, 강하게 기억할 수 있거든요. 이때 한자의 뜻과 소리를 큰 소리로 읽으면서 쓴다면 효과가 더 좋지요!
　　그리고 급수 시험을 보는 것도 좋아요. 자신의 한자 실력이 어느 정도인지 평가하면서, 성취감도 맛볼 수 있기 때문이에요. 시험이라 하면 굉장히 긴장되고 어려울 것 같지만, 새로운 경험도 쌓고 성취감도 얻을 수 있으니, 급수 시험은 학생들에게 일석이조랍니다.

[한자능력검정시험 안내]

1권	8급	학습 동기부여를 위한 기초단계(상용한자 50자)
2권	7급Ⅱ	기초 사용한자 활용의 초급단계(상용한자 100자)
3권	7급	기초 사용한자 활용의 초급단계(상용한자 150자)

* 한자능력검정시험 일정 및 접수방법은 한국어문회 홈페이지(www.hanja.re.kr) 등을 참고하세요.

어떻게 하면 한자를 쉽게 쓸 수 있을까요?

한자는 보기만 해도 어려운데 쓰려고 하면 획이 이리저리 엉켜 있어 당황하기 쉬워요. 획순의 기초를 이해하면 쉽습니다. 획순이란 쓰는 순서인데, 이것은 선조들이 아주 오랫동안 한자를 쓰면서 편리하고 빠르게 쓰는 방법을 찾아내 정리한 것이에요. 그러니 억지로 외울 필요가 없이, 쓰다보면 자연스럽게 획순에 맞게 쓰게 됩니다. 아래 다섯 가지 순서를 익혀 보세요!

- 상하 구조의 것은 위에서부터 아래로 씁니다.

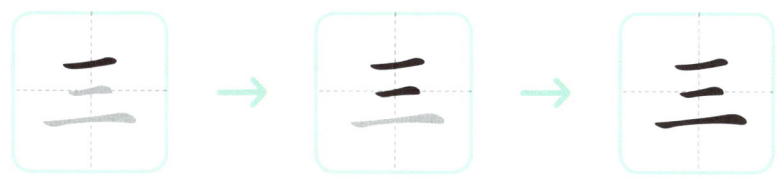

- 좌우 대칭형의 것은 가운데를 먼저 쓰고, 좌우의 것은 나중에 씁니다.

- 글자 전체를 관통하는 세로 획은 맨 마지막에 씁니다.

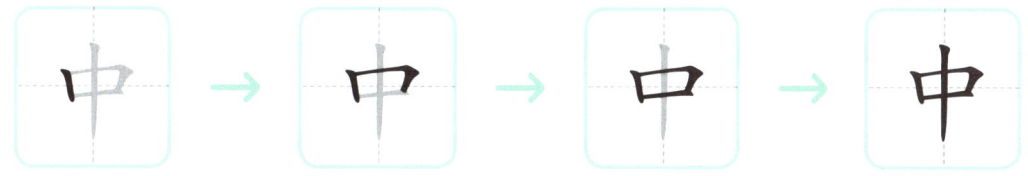

- 좌우 구조의 것은 왼쪽에서부터 오른쪽으로 씁니다.

- 내외 구조의 것은 바깥의 것을 먼저 쓰고 안의 것은 나중에 씁니다.

1주차

위치를 배워요.

1일	上자와 下자를 배워요.
2일	左자와 右자를 배워요.
3일	前자와 後자를 배워요.
4일	全자와 方자를 배워요.
5일	時자와 空자를 배워요.
놀이왕	동물 사파리 / 알록달록 색칠하기

Day 01 上자와 下자를 배워요.

윗 상

쉿! 침대에서 아기가 자고 있어요. 침대 아래 장난감을 밟지 않도록 조심조심 지나가요.
아래 그림을 보고 '위'와 '아래'를 나타내는 한자를 따라 써 봅시다.

아래 하

上

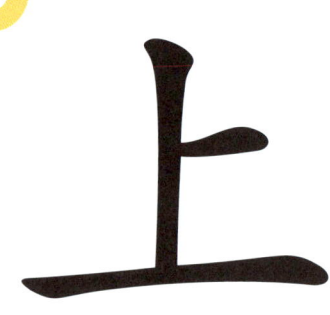

윗 상

'위쪽', '앞'이라는 뜻이고, '상'이라고 읽어요.
'상하', '상달' 할 때 쓰는 한자예요.

땅 위에 표시를 한 모양에서, '위'를 나타내게 되었어요.

上 上 上

부수 一 총획 3획

上	上	上	上
윗 상	윗 상	윗 상	윗 상
윗 상	윗 상	윗 상	윗 상
윗 상	윗 상	윗 상	윗 상

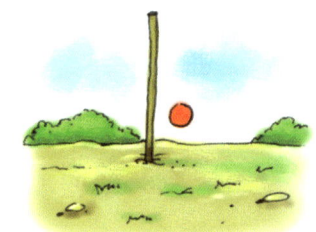

下 아래 하

'아래쪽', '밑'이라는 뜻이고, '하'라고 읽어요.
'하인', '하교' 할 때 쓰는 한자예요.

땅 아래에 표시를 한 모양에서 '아래'를 나타내게 되었어요.

下 下 下

부수 一　**총획** 3획

下	下	下	下
아래 하	아래 하	아래 하	아래 하
아래 하	아래 하	아래 하	아래 하
아래 하	아래 하	아래 하	아래 하

1주차 위치를 배워요

Day 02 左자와 右자를 배워요.

왼 좌

친구와 함께 마을 지도를 그렸어요. 우리 집은 가게를 돌아 왼쪽으로 가다가 길 오른쪽에 있어요. 아래 그림을 보고 '왼쪽'과 '오른쪽'을 나타내는 한자를 따라 써 봅시다.

오른 우

왼 좌

'왼쪽'이라는 뜻이고, '좌'라고 읽어요.
'좌우', '좌회전' 할 때 쓰는 한자예요.

왼쪽 손에 자를 들고 있는 모습에서 만들어진 글자예요.

左 左 左 左 左

부수 工   총획 5획

왼 좌	왼 좌	왼 좌	왼 좌
왼 좌	왼 좌	왼 좌	왼 좌
왼 좌	왼 좌	왼 좌	왼 좌

오른 우

'오른쪽'이라는 뜻이고, '우'라고 읽어요.
'좌우', '우회전' 할 때 쓰는 한자예요.

오른손으로 밥을 먹는 모습에서 만들어진 글자예요.

右 右 右 右 右

부수 口 총획 5획

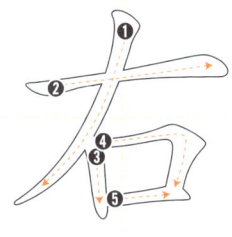

| 오른 우 | 오른 우 | 오른 우 | 오른 우 |

| 오른 우 | 오른 우 | 오른 우 | 오른 우 |

| 오른 우 | 오른 우 | 오른 우 | 오른 우 |

신나는 운동회 날이에요. 달리기 선수들이 앞서거니 뒤서거니 하면서 달리고 있어요. 아래 그림을 보고 '앞'과 '뒤'를 나타내는 한자를 따라 써 봅시다.

뒤 후

後

앞 전

'앞', '먼저'라는 뜻이고, '전'이라고 읽어요.
'전후', '전반전' 할 때 쓰는 한자예요.

갑옷을 입고 칼을 찬 장수가 앞장서는 모습에서,
'앞'을 나타내게 되었어요.

前 前 前 前 前 前 前 前 前

부수 刂 **총획** 9획

앞 전   앞 전   앞 전   앞 전

앞 전   앞 전   앞 전   앞 전

앞 전   앞 전   앞 전   앞 전

뒤 후

'뒤쪽', '이후'라는 뜻이고, '후'라고 읽어요.
'후식', '후회' 할 때 쓰는 한자예요.

종종걸음으로 뒷걸음치는 것에서, '뒤쳐지다'라는 뜻을 나타내게 되었어요.

後 後 後 後 後 後 後 後 後

부수 彳　**총획** 9획

뒤 후	뒤 후	뒤 후	뒤 후
뒤 후	뒤 후	뒤 후	뒤 후
뒤 후	뒤 후	뒤 후	뒤 후

1주차 위치를 배워요

Day 04 全자와 方자를 배워요.

온전 전

세계 유명 과학자들이 여러 가지 방법으로 써서 피라미드의 비밀을 풀고 있어요.
아래 그림을 보고 '온전하다'와 '방법'을 나타내는 한자를 따라 써 봅시다.

모 방

온전(온전하다) 전

'온전하다', '모두 다'라는 뜻이고, '전'이라고 읽어요. '전국', '전혀' 할 때 쓰는 한자예요.

산에서 캔 옥 중에서 흠 없는 옥만 골라 갖고 오는 것에서, '온전하다'라는 뜻을 나타내게 되었어요.

全 全 全 全 全 全

부수 入 총획 6획

온전 전 | 온전 전 | 온전 전 | 온전 전

온전 전 | 온전 전 | 온전 전 | 온전 전

온전 전 | 온전 전 | 온전 전 | 온전 전

모(모서리) 방

'모서리', '네모'라는 뜻이고, '방'이라고 읽어요.
'사방', '금방' 할 때 쓰는 한자예요.

밭을 가는 도구인 쟁기 모양에서, '수단', '방법'의 의미로 쓰이게 되었어요.

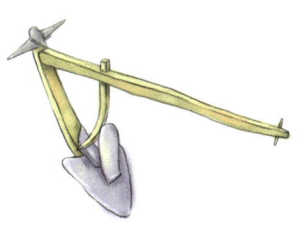

方 方 方 方

부수 方　**총획** 4획

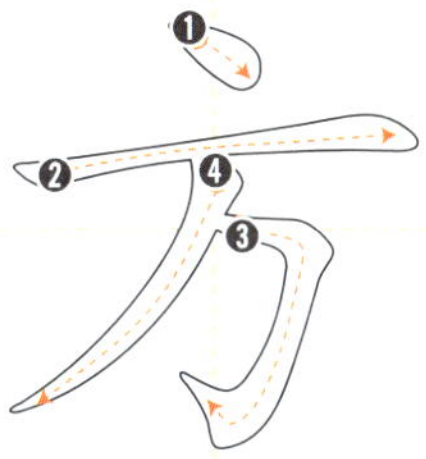

모 방	모 방	모 방	모 방
모 방	모 방	모 방	모 방
모 방	모 방	모 방	모 방

Day 05 時자와 空자를 배워요.

時
때 시

타임머신을 타고 미래로 날아가요. 미래의 세상은 정말 신기해요.
아래 그림을 보고 '때(시간)'와 '공간(비어있다)'을 나타내는 한자를 따라 써 봅시다.

빌 공

時 때 시

'때', '기한'이라는 뜻이고, '시'라고 읽어요.
'시간', '한날한시' 할 때 쓰는 한자예요.

해가 떠서 사람이 활동하는 모습에서 만들어진 글자예요.

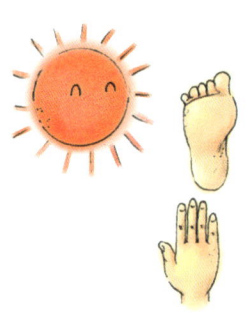

時 時 時 時 時 時 時 時 時 時

부수 日　총획 10획

때 시	때 시	때 시	때 시
때 시	때 시	때 시	때 시
때 시	때 시	때 시	때 시

빌(비다) 공

'비다', '없다'라는 뜻이고, '공'이라고 읽어요.
'공책', '공기' 할 때 쓰는 한자예요.

도구로 만든 움집에서, '공간'을 나타내게 되었어요.

空 空 空 空 空 空 空 空

부수 穴　**총획** 8획

빌 공	빌 공	빌 공	빌 공
빌 공	빌 공	빌 공	빌 공
빌 공	빌 공	빌 공	빌 공

나는야 급수왕!

1. 다음 한자에 맞는 뜻과 독음(읽는 소리)을 찾아 줄을 잇고 큰 소리로 읽어 보세요.

2. 다음 그림을 보고 연상되는 한자의 뜻과 독음(읽는 소리)을 쓰세요.

①    갑옷을 입고 칼을 찬 장수가 앞장서는 모습에서, '앞'을 나타내게 되었어요.

② 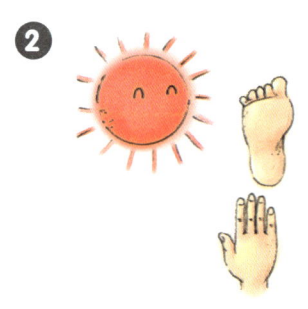   해가 떠서 사람이 활동하는 모습에서 만들어진 글자예요.

3. 다음 밑줄 친 낱말을 한자로 바르게 쓴 것을 고르세요.

보기   ㄱ 後   ㄴ 空   ㄷ 前   ㄹ 下

❶ 친구들이 모두 집으로 돌아가자 교실은 텅텅 <u>비었어요</u>.

❷ <u>뒤</u>에서 친구가 나를 불렀어요.

❸ 연필이 책상 <u>아래</u>로 떨어졌어요.

4. 다음 한자어 퍼즐에서 한자의 독음(읽는 소리)을 쓰세요.

5. 다음 밑줄 친 낱말을 한자로 바르게 쓴 것을 고르세요.

| 보기 | ㄱ 上下 | ㄴ 上人 | ㄷ 下人 | ㄹ 左右 |

① 이 책은 <u>상하</u> 두 권으로 나뉘어 있어요.

② 길을 건널 때는 <u>좌우</u>를 잘 살펴야 해요.

③ 사또는 <u>하인</u>을 데리고 산책을 나섰어요.

6. 다음 뜻과 음에 알맞게 한자를 완성하세요.

①
모 **방**

②
온전 **전**

③
앞 **전**

④
때 **시**

7. 다음 이야기를 읽고, 속담과 고사성어를 천천히 따라 써 보세요.

한 아주머니가 등불을 켜 놓고 바느질을 하고 있었어요. 그러다 그만 바늘을 떨어뜨렸는데, 도대체 바늘을 찾을 수가 없는 거예요. 그럴 때 쓰는 속담이 바로 '등잔 밑이 어둡다'예요. 아무리 등잔불 덕분에 주위가 밝다 하더라도 등잔 아래는 그 그림자가 져서 마련이거든요. 사람끼리도 마찬가지로 가까이 있는 사람이나 일을 도리어 못 알아챌 때가 있는데, 그때 쓸 수 있는 속담이에요.

같은 뜻을 가진 고사성어로는 '등하불명(燈下不明)'이라는 말이 있어요.

속담 쓰기

등	잔		밑	이		어	둡	다
등	잔		밑	이		어	둡	다

고사성어 쓰기

燈	下	不	明
등잔 **등**	아래 **하**	아니 **불**	밝을 **명**

나는야 놀이왕!

동물 사파리

흥미진진 동물원에 한자들이 숨어 있어요. 방향과 관계 있는 한자를 찾아 동그라미표 하세요. 그리고 큰 소리로 읽어 보세요.

알록달록 색칠하기

한자의 뜻과 소리를 큰 소리로 읽어 보세요. 그리고 그림에 있는 번호에 따라 색을 칠해 그림을 완성해 보세요.

보기
- 🔴 前 앞 전
- 🟡 後 뒤 후
- 🔵 全 온전 전
- 🟣 空 빌 공
- 🩵 時 때 시
- 🟤 方 모 방

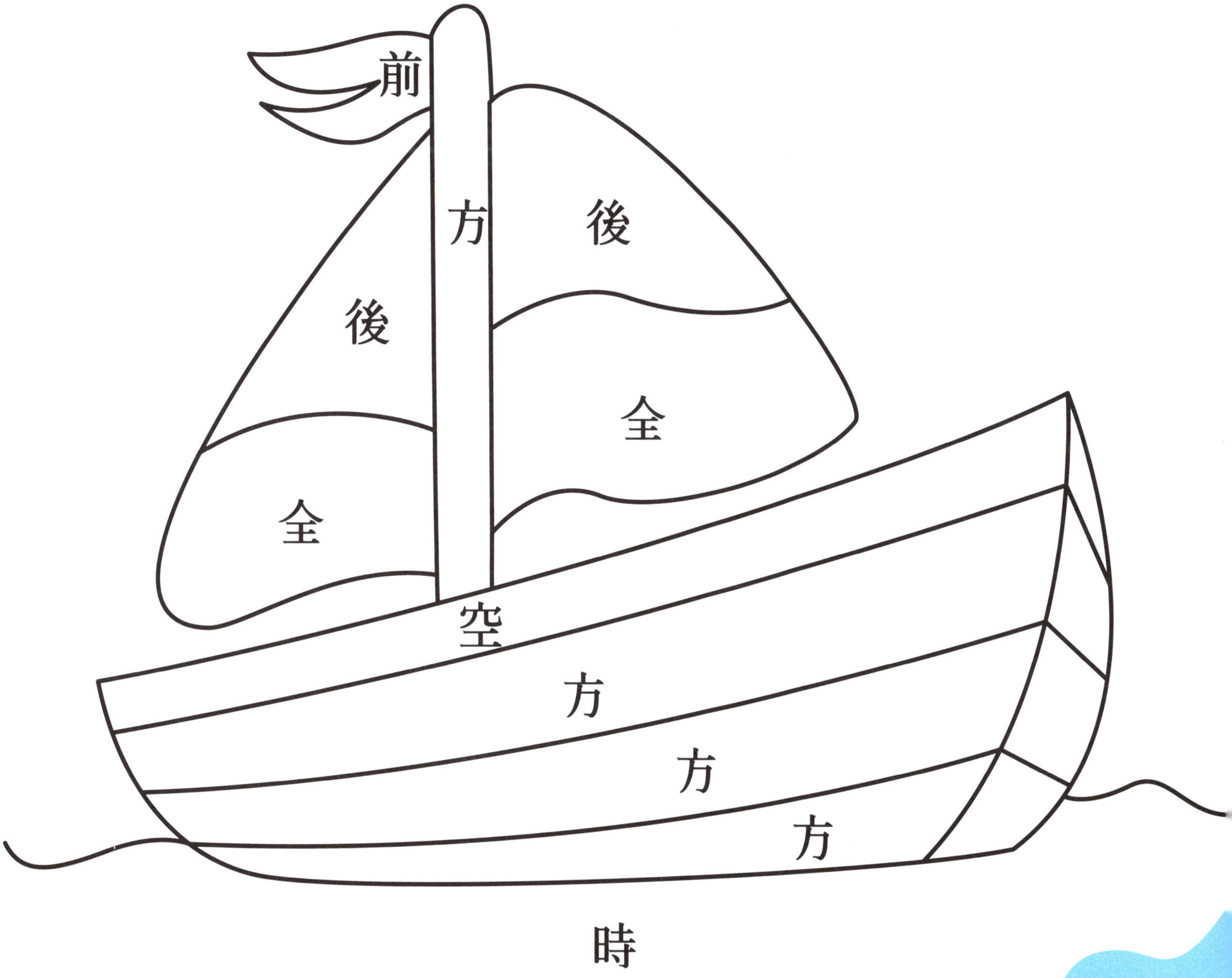

2주차

시간·공간을 배워요.

6일	自자와 然자를 배워요.
7일	江자와 海자를 배워요.
8일	午자와 夕자를 배워요.
9일	動자와 物자를 배워요.
10일	活자와 命자를 배워요.
놀이왕	캠핑을 가요! / 알록달록 색칠하기

Day 06 自 자와 然 자를 배워요.

스스로 자

산에 버려진 쓰레기를 줍고 새집을 달아 자연을 아름답게 가꾸고 있어요.
아래 그림을 보고 '자연'을 나타내는 한자를 따라 써 봅시다.

그럴 연

스스로 자

'스스로', '저절로'라는 뜻이고, '자'라고 읽어요.
'자연', '자동' 할 때 쓰는 한자예요.

코를 가리키며 자기를 나타내던 모습에서, '자기'를 나타내게 되었어요.

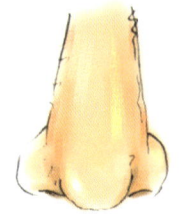

自 自 自 自 自 自

부수 自　**총획** 6획

스스로 자　스스로 자　스스로 자　스스로 자

스스로 자　스스로 자　스스로 자　스스로 자

스스로 자　스스로 자　스스로 자　스스로 자

그럴(그러하다) 연

'그러하다'라는 뜻이고, '연'이라고 읽어요.
'우연', '천연' 할 때 쓰는 한자예요.

짐승의 고기를 불에 익히는 모습에서, '당연하다'라는 뜻을 나타내게 되었어요.

然 欠 然 欠 欠 然 然 然 然 然 然 然　급수 7급　부수 灬　총획 12획

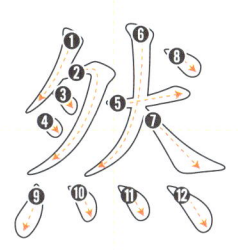

| 그럴 연 | 그럴 연 | 그럴 연 | 그럴 연 |

| 그럴 연 | 그럴 연 | 그럴 연 | 그럴 연 |

| 그럴 연 | 그럴 연 | 그럴 연 | 그럴 연 |

2주차 시간·공간을 배워요

Day 07 江자와 海자를 배워요.

강 강

바다에서 자란 연어들이 강을 거슬러 자신이 태어난 강으로 되돌아가고 있어요.
아래 그림을 보고 '강'과 '바다'를 나타내는 한자를 따라 써 봅시다.

바다 해

강 강

'강'이라는 뜻이고, '강'이라고 읽어요.
'강산', '한강' 할 때 쓰는 한자예요.

둑이 있는 강물의 모양에서 만들어진 글자예요.

江 江 江 江 江 江

부수 氵 총획 6획

강 강	강 강	강 강	강 강
강 강	강 강	강 강	강 강
강 강	강 강	강 강	강 강

바다 해

'바다'라는 뜻이고, '해'라고 읽어요.
'동해', '해녀' 할 때 쓰는 한자예요.

냇물이 흘러가서 넓게 모이는 곳의 모습에서, '바다'를 나타내게 되었어요.

海 海 海 海 海 海 海 海 海 海

부수: 氵　총획: 10획

바다 해	바다 해	바다 해	바다 해
바다 해	바다 해	바다 해	바다 해
바다 해	바다 해	바다 해	바다 해

2주차 시간·공간을 배워요

낮에 친구들과 만나 신나게 노는 사이 금세 저녁이 되었어요.
아래 그림을 보고 '낮'과 '저녁'을 나타내는 한자를 따라 써 봅시다.

저녁 석

낮 오

'한낮'이라는 뜻이고, '오'라고 읽어요.
'오전', '오후' 할 때 쓰는 한자예요.

절구공이를 세워서 그림자가 없으면 한낮임을 알았다는 것에서, '정오'를 나타내게 되었어요.

午 午 午 午

부수 十　총획 4획

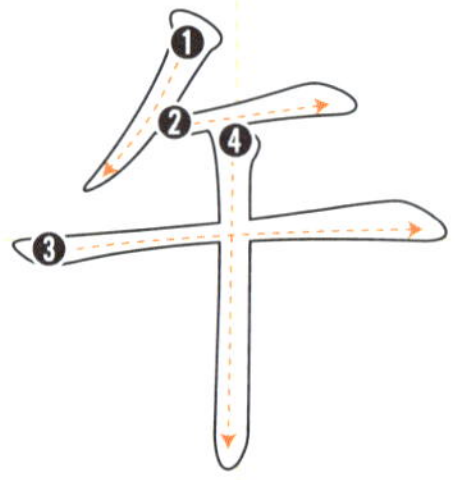

낮 오	낮 오	낮 오	낮 오
낮 오	낮 오	낮 오	낮 오
낮 오	낮 오	낮 오	낮 오

저녁 석

'저녁'이라는 뜻이고, '석'이라고 읽어요.
'추석', '칠월칠석' 할 때 쓰는 한자예요.

달이 반쯤 보이는 모양에서, '저녁'을 나타내는 글자로 쓰이게 되었어요.

급수 7급　부수 夕　총획 3획

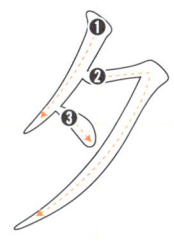

저녁 석	저녁 석	저녁 석	저녁 석
저녁 석	저녁 석	저녁 석	저녁 석
저녁 석	저녁 석	저녁 석	저녁 석

2주차 시간·공간을 배워요

Day 09 動자와 物자를 배워요.

움직일 동

동물원 사파리에서 사자와 호랑이를 보았어요. 나무와 달리 사자나 호랑이는 스스로 움직일 수 있어요. 아래 그림을 보고 '움직이다'와 '물건'을 나타내는 한자를 따라 써 봅시다.

물건 물

움직일 동

'움직이다'라는 뜻이고, '동'이라고 읽어요.
'동물', '운동' 할 때 쓰는 한자예요.

보따리를 메고 짐을 옮기는 모습에서 만들어진 글자예요.

動 動 動 動 動 動 動 動 動 動 動

부수 力 총획 11획

| 움직일 동 | 움직일 동 | 움직일 동 | 움직일 동 |

| 움직일 동 | 움직일 동 | 움직일 동 | 움직일 동 |

| 움직일 동 | 움직일 동 | 움직일 동 | 움직일 동 |

물건 물

'물건'이라는 뜻이고, '물'이라고 읽어요.
'물건', '생물' 할 때 쓰는 한자예요.

무리를 지어 움직이는 소의 모양에서, '상품', '물건'을 나타내게 되었어요.

物 物 物 物 物 物 物 物

부수 牛   총획 8획

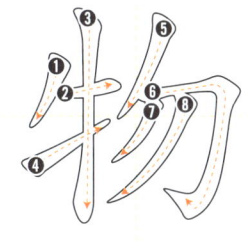

물건 물	물건 물	물건 물	물건 물
물건 물	물건 물	물건 물	물건 물
물건 물	물건 물	물건 물	물건 물

2주차 시간·공간을 배워요

Day 10 活자와 命자를 배워요.

살 활

매일 꾸준히 운동을 하면 오래오래 건강하게 살 수 있어요.
아래 그림을 보고 '살다'와 '목숨'을 나타내는 한자를 따라 써 봅시다.

살(살다) 활

'살다', '생기있다'라는 뜻이고, '활'이라고 읽어요. '생활', '활동' 할 때 쓰는 한자예요.

물이 막힘 없이 활기차게 흐르는 모양에서 만들어진 글자예요.

活 活 活 活 活 活 活 活 活

부수 氵 총획 9획

살 활	살 활	살 활	살 활
살 활	살 활	살 활	살 활
살 활	살 활	살 활	살 활

목숨 명

'목숨', '명령'이라는 뜻이고, '명'이라고 읽어요.
'생명', '명령' 할 때 쓰는 한자예요.

사람의 목숨은 하늘의 신이 입으로 명령한 것처럼 정해져 있다는 것에서 만들어진 글자예요.

급수 7급　**부수** 口　**총획** 8획

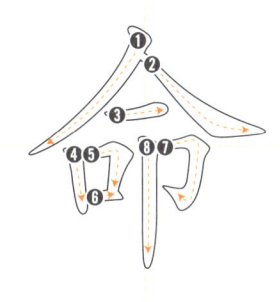

목숨 명　목숨 명　목숨 명　목숨 명

목숨 명　목숨 명　목숨 명　목숨 명

목숨 명　목숨 명　목숨 명　목숨 명

2주차 시간·공간을 배워요

나는야 급수왕!

1. 다음 한자에 맞는 뜻과 독음(읽는 소리)을 찾아 줄을 잇고 큰 소리로 읽어 보세요.

① 午 · · 그러하다 · · 석

② 夕 · · 저녁 · · 오

③ 然 · · 낮 · · 연

2. 다음 그림을 보고 연상되는 한자의 뜻과 독음(읽는 소리)을 쓰세요.

①

코를 가리키며 자기를 나타내던 모습에서, '자기'를 나타내게 되었어요.

뜻   음

②

물이 막힘 없이 활기차게 흐르는 모양에서 만들어진 글자예요.

뜻   음

3. 다음 밑줄 친 낱말을 한자로 바르게 쓴 것을 고르세요.

❶ <u>바다</u> 건너 이웃 나라에는 중국과 일본이 있어요.

❷ 살랑살랑 부는 바람에 나뭇잎이 달싹달싹 <u>움직였어요</u>.

❸ 농부는 집으로 숨어 들어온 사슴의 <u>목숨</u>을 살려주었어요.

4. 다음 한자어 퍼즐에서 한자의 독음(읽는 소리)을 쓰세요.

5. 다음 밑줄 친 낱말을 한자로 바르게 쓴 것을 고르세요.

> 보기   ㄱ 七夕   ㄴ 午後   ㄷ 午前   ㄹ 海軍

① 오후가 되자 뙤약볕이 내리쬐었어요.

② 해군이 우리나라 바다를 지키고 있어요.

③ 칠월칠석에는 견우와 직녀가 만난다는 전설이 있어요.

6. 다음 뜻과 음에 알맞게 한자를 완성하세요.

①
스스로 자

②
강 강

③
살 활

④
물건 물

7. 다음 이야기를 읽고, 속담과 고사성어를 천천히 따라 써 보세요.

강이나 산처럼 항상 그 모습 그대로 있을 것 같은 자연도 시간이 지나면 조금씩 변하지요. 십 년이라는 긴 세월이 흐르면 아마 몰라보게 달라질 거예요. '십 년이면 강산도 변한다'라는 속담을 이럴 때 쓰지요.

비슷한 뜻을 가진 고사성어로는 '상전벽해(桑田碧海)'라는 말이 있어요. '뽕나무밭이 변하여 푸른 바다가 된다'라는 뜻으로, 육지가 바다가 될 정도로 크게 바뀐 것을 과장해서 나타낸 말이에요.

✏️ 속담 쓰기

십	년	이	면		강	산	도
변	한	다					

✏️ 고사성어 쓰기

桑	田	碧	海
뽕나무 **상**	밭 **전**	푸를 **벽**	바다 **해**

나는야 놀이왕!

캠핑을 가요!

캠핑장 안에 한자들이 숨어 있어요. 자연과 관계 있는 한자를 찾아 동그라미표 하세요. 그리고 큰 소리로 읽어 보세요.

알록달록 색칠하기

한자의 뜻과 소리를 큰 소리로 읽어 보세요. 그리고 그림에 있는 번호에 따라 색을 칠해 그림을 완성해 보세요.

보기
- 🟡 自 스스로 자
- 🔴 然 그러할 연
- 🟤 午 낮 오
- ⚫ 物 물건 물
- 🔵 活 살 활
- ⚫ 命 목숨 명

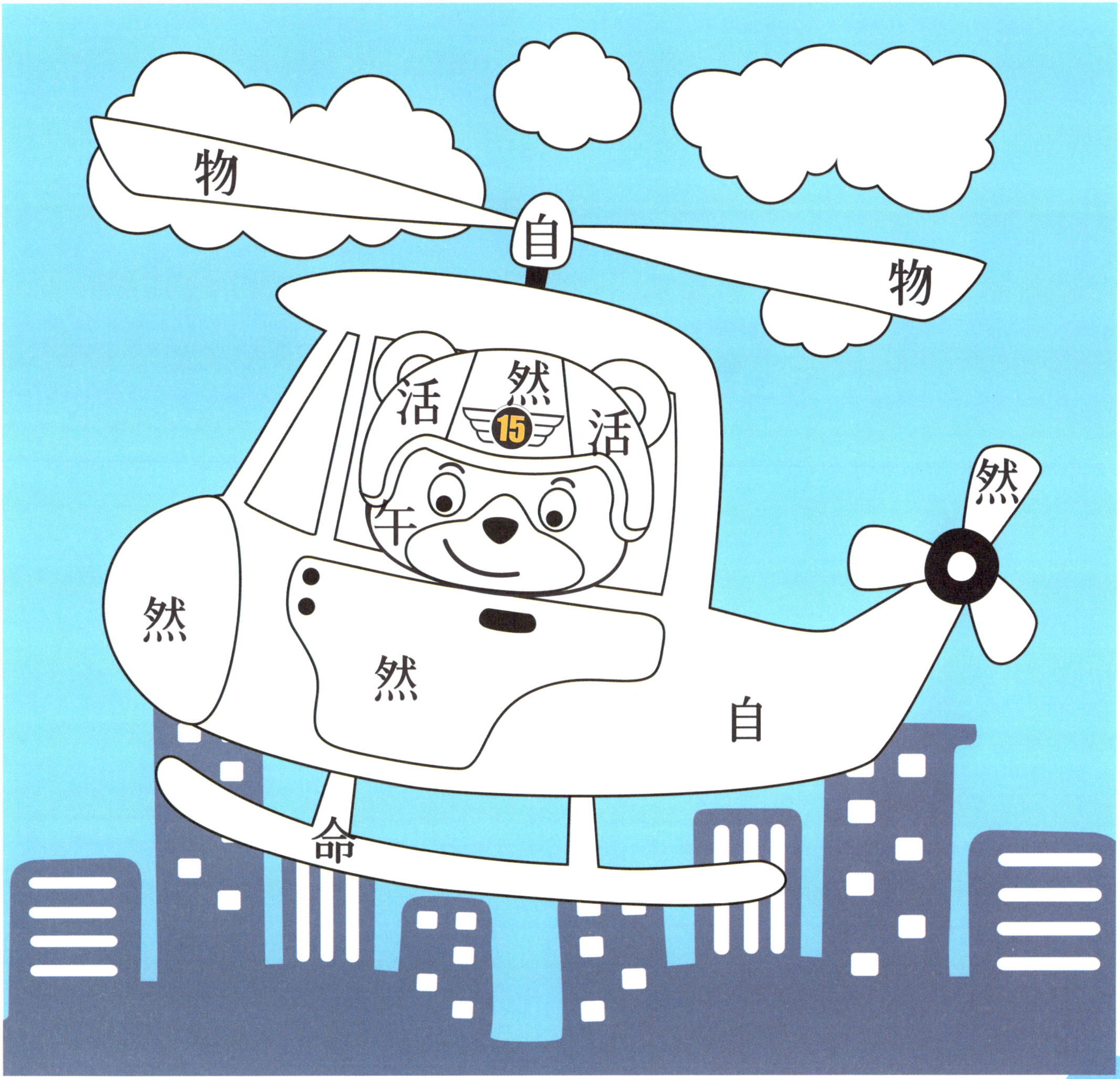

3주차

사람을 배워요.

11일	男자와 子자를 배워요.
12일	食자와 口자를 배워요.
13일	手자와 足자를 배워요.
14일	家자와 主자를 배워요.
15일	姓자와 名자를 배워요.
놀이왕	신나는 물놀이 / 시장 바구니

Day 11 男자와 子자를 배워요.

男 사내 남

가족이 함께 온천에 놀러 갔어요. 엄마와 여동생은 여탕에, 나랑 아빠는 남탕에 들어가요.
아래 그림을 보고 '남자'를 나타내는 한자를 따라 써 봅시다.

아들 자

사내 남

'사나이', '남자'라는 뜻이고, '남'이라고 읽어요.
'남자', '남녀' 할 때 쓰는 한자예요.

힘센 남자가 논이나 밭에서 일하는 모습에서 만들어진 글자예요.

男 男 男 男 男 男 男

부수 田   총획 7획

| 사내 남 | 사내 남 | 사내 남 | 사내 남 |

| 사내 남 | 사내 남 | 사내 남 | 사내 남 |

| 사내 남 | 사내 남 | 사내 남 | 사내 남 |

아들 자

'아들', '자식'라는 뜻이고, '자'라고 읽어요.
'자녀', '효자' 할 때 쓰는 한자예요.

두 팔을 벌리고 있는 아기의 모습을 본뜬 것에서 만들어진 글자예요.

子 子 子

부수 子 총획 3획

아들 자 | 아들 자 | 아들 자 | 아들 자

아들 자 | 아들 자 | 아들 자 | 아들 자

아들 자 | 아들 자 | 아들 자 | 아들 자

3주차 사람을 배워요

Day 12 食자와 口자를 배워요.

밥 식

오늘은 아빠의 생일이에요. 온 식구가 함께 모여 저녁을 먹으며 아빠의 생일을 축하해요. 아래 그림을 보고 '식구'를 나타내는 한자를 따라 써 봅시다.

입 구

밥 식 / 먹을 식

'밥', '먹다'라는 뜻이고, '식'이라고 읽어요.
'식구', '채식' 할 때 쓰는 한자예요.

그릇에 밥이 수북하게 담긴 모양에서 만들어진 글자예요.

食 食 食 食 食 食 食 食 食

부수 食 총획 9획

食	食	食	食
밥 식	밥 식	밥 식	밥 식

밥 식	밥 식	밥 식	밥 식

밥 식	밥 식	밥 식	밥 식

입 구

'입', '입구'라는 뜻이고, '구'라고 읽어요.
'입구', '인구' 할 때 쓰는 한자예요.

사람이 입을 벌리고 있는 모습을 본뜬 것에서 만들어진 글자예요.

口 口 口

급수 7급 **부수** 口 **총획** 3획

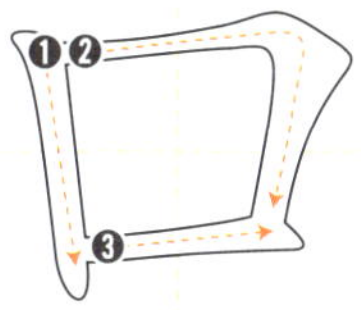

입구 입구 입구 입구

입구 입구 입구 입구

입구 입구 입구 입구

3주차 사람을 배워요

Day 13 手자와 足자를 배워요.

手

손 수

친구들이 공원에서 운동해요. 손으로 하는 운동, 발로 하는 운동, 모두 몸을 튼튼하게 해 주지요. 아래 그림을 보고 '손'과 '발'을 나타내는 한자를 따라 써 봅시다.

발 족

손 수

'손'이라는 뜻이고, '수'라고 읽어요.
'수건', '수화' 할 때 쓰는 한자예요.

다섯 손가락을 편 손의 모양에서 만들어진 글자예요.

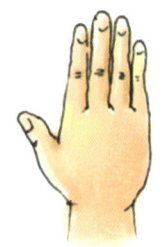

手 手 手 手

부수 手　총획 4획

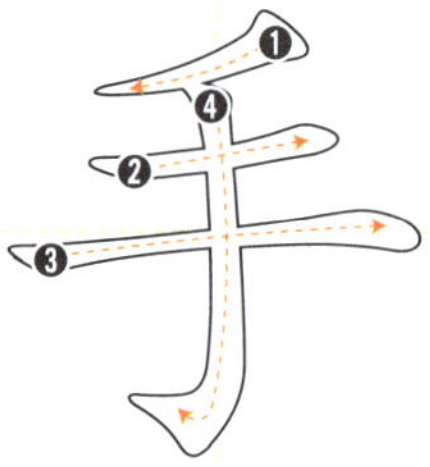

| 손 수 | 손 수 | 손 수 | 손 수 |

| 손 수 | 손 수 | 손 수 | 손 수 |

| 손 수 | 손 수 | 손 수 | 손 수 |

발 족

'발'이라는 뜻이고, '족'이라고 읽어요.
'족구', '부족' 할 때 쓰는 한자예요.

사람 다리 중 정강이에서 발가락까지의 모양에서 만들어진 글자예요.

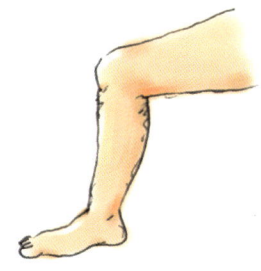

足 足 足 足 足 足 足

부수 足　**총획** 7획

발 족	발 족	발 족	발 족
발 족	발 족	발 족	발 족
발 족	발 족	발 족	발 족

3주차 사람을 배워요

Day 14 家자와 主자를 배워요.

집 가

家

새집으로 이사가는 날, 가족들은 새집의 주인이 되어서 정말 기뻐요.
아래 그림을 보고 '집'과 '주인'을 나타내는 한자를 따라 써 봅시다.

임금/주인 주

집 가

'집'이라는 뜻이고, '가'라고 읽어요.
'가장', '초가집' 할 때 쓰는 한자예요.

집 안에서 돼지를 키우는 모양에서, '집'을 나타내게 되었어요.

家 家 家 家 家 家 家 家 家 家

부수 宀   총획 10획

집 가	집 가	집 가	집 가
집 가	집 가	집 가	집 가
집 가	집 가	집 가	집 가

임금/주인 주

'임금', '주인'이라는 뜻이고, '주'라고 읽어요.
'주인', '주인공' 할 때 쓰는 한자예요.

촛대 위의 촛불이 타고 있는 모양에서, 주위를 밝히는 중심이 된다는 뜻을 나타내게 되었어요.

主 主 主 主 主

급수 7급   부수 丶   총획 5획

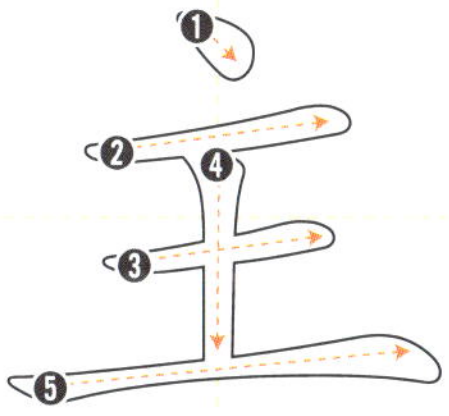

임금 주	임금 주	임금 주	임금 주
임금 주	임금 주	임금 주	임금 주
임금 주	임금 주	임금 주	임금 주

3주차 사람을 배워요

Day 15 — 姓자와 名자를 배워요.

학교에서 우리는 자기 이름이 쓰인 이름표를 목에 걸고 다녀요.
아래 그림을 보고 '성씨'와 '이름'을 나타내는 한자를 따라 써 봅시다.

이름 명

성(성씨) 성

'성씨'라는 뜻이고, '성'이라고 읽어요.
'성명', '여성' 할 때 쓰는 한자예요.

아이를 낳으면 성씨를 받는 것에서, '성씨'를 나타내게 되었어요.

姓 姓 姓 姓 姓 姓 姓 姓

부수 女　총획 8획

성 성	성 성	성 성	성 성
성 성	성 성	성 성	성 성
성 성	성 성	성 성	성 성

이름 명

'이름'이라는 뜻이고, '명'이라고 읽어요.
'유명하다', '명절' 할 때 쓰는 한자예요.

깜깜한 밤에 상대편에게 자기 이름을 말하는 모습에서 '이름'을 나타내게 되었어요.

名 名 名 名 名 名

부수 口　**총획** 6획

이름 명	이름 명	이름 명	이름 명
이름 명	이름 명	이름 명	이름 명
이름 명	이름 명	이름 명	이름 명

3주차 사람을 배워요

나는야 급수왕!

1. 다음 한자에 맞는 뜻과 독음(읽는 소리)을 찾아 줄을 잇고 큰 소리로 읽어 보세요.

❶ 口 •   • 입   •   • 족

❷ 足 •   • 사내(사나이) •   • 구

❸ 男 •   • 발   •   • 남

2. 다음 그림을 보고 연상되는 한자의 뜻과 독음(읽는 소리)을 쓰세요.

❶  힘센 남자가 논이나 밭에서 일하는 모습에서 만들어진 글자예요.

뜻   음

❷ 사람이 입을 벌리고 있는 모습을 본뜬 것에서 만들어진 글자예요.

뜻   음

3. 다음 밑줄 친 낱말을 한자로 바르게 쓴 것을 고르세요.

보기 ㄱ 名   ㄴ 手   ㄷ 午   ㄹ 家

❶ 놀부는 도깨비에게 <u>손</u>이 발이 되도록 싹싹 빌었어요.

❷ 사람은 죽으면 <u>이름</u>을 남기고 호랑이는 죽으면 가죽을 남긴다.

❸ 설을 앞두고 엄마는 <u>집</u>을 대청소했어요.

4. 다음 한자어 퍼즐에서 한자의 독음(읽는 소리)을 쓰세요.

5. 다음 밑줄 친 낱말을 한자로 바르게 쓴 것을 고르세요.

> 보기 ㉠ 人口   ㉡ 女人   ㉢ 男子   ㉣ 主人

① 가게 **주인**이 물건을 팔고 있어요.

② **남자** 화장실은 왼쪽이에요.

③ 세계 **인구**가 점점 늘어나고 있어요.

6. 다음 뜻과 음에 알맞게 한자를 완성하세요.

①
아들 **자**

②
임금 **주**

③
밥 **식**

④
성(성씨) **성**

7. 다음 이야기를 읽고, 속담과 고사성어를 천천히 따라 써 보세요.

배나무에 앉아 있던 까마귀가 날아가자마자 배 한 알이 뚝 떨어졌어요. 지나가던 사람이 이를 보고는 까마귀 때문에 배가 떨어졌다고 말했어요. 과연 이게 사실일까요? '까마귀 날자 배 떨어진다'는 속담은 아무 상관없는 일이 어쩌다 같이 생겨서 관계가 있는 것처럼 오해를 받을 때 씁니다. 대개 나쁜 상황에서 쓰는 말입니다.

같은 뜻을 고사성어로 표현할 때는 '오비이락(烏飛梨落)'이라고 말해요.

속담 쓰기

까	마	귀		날	자		배		떨
어	진	다							

고사성어 쓰기

烏	飛	梨	落
까마귀 **오**	날 **비**	배 **이**	떨어질 **락**

나는야 놀이왕!

신나는 물놀이

수영장 안에 한자들이 숨어 있어요. 몸과 관계 있는 한자를 찾아 동그라미표 하세요.
그리고 큰 소리로 읽어 보세요.

시장 바구니

한자들이 시장바구니에 담겨 있어요. 한자에 알맞은 뜻과 소리를 찾아 줄로 이어 보세요. 그리고 큰 소리로 읽어 보세요.

4주차

장소를 배워요.

- **16일**　　市자와 内자를 배워요.
- **17일**　　電자와 氣자를 배워요.
- **18일**　　工자와 場자를 배워요.
- **19일**　　車자와 道자를 배워요.
- **20일**　　世자와 間자를 배워요.
- **놀이왕**　긴급 출동 / 알록달록 색칠하기

Day 16 市자와 內자를 배워요.

저자 시

도시에는 사람도 많고 차도 많고, 빌딩도 빽빽하게 들어서 있어요.
아래 그림을 보고 '시장(저자)'과 '안쪽'을 나타내는 한자를 따라 써 봅시다.

안 내

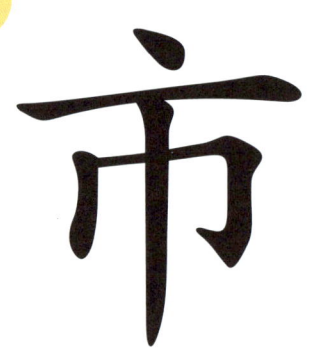

市 저자 시

'시장(저자)', '시내'라는 뜻이고, '시'라고 읽어요. '서울시', '시내' 할 때 쓰는 한자예요.

물건과 사람이 모여드는 모습에서 '시장'을 나타내게 되었어요.

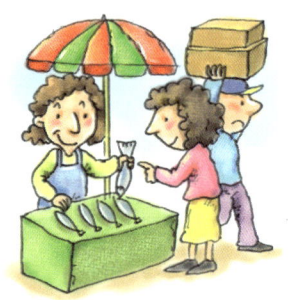

市 市 市 市 市

부수 巾 총획 5획

市	市	市	市
저자 시	저자 시	저자 시	저자 시
저자 시	저자 시	저자 시	저자 시
저자 시	저자 시	저자 시	저자 시

內 안 내

'안쪽'이라는 뜻이고, '내'라고 읽어요.
'내복', '내외' 할 때 쓰는 한자예요.

집의 지붕을 받치고 있는 커다란 나무를 본뜬 것에서 '안'을 나타내게 되었어요.

內 內 內 內

부수 入 총획 4획

안 내	안 내	안 내	안 내
안 내	안 내	안 내	안 내
안 내	안 내	안 내	안 내

4주차 장소를 배워요

Day 17 電자와 氣자를 배워요.

번개 전

우리 집에서 전기로 움직이는 것에는 무엇이 있을까요? 선풍기와 세탁기, 청소기 등 모두 전기로 움직이지요. 아래 그림을 보고 '전기'를 나타내는 한자를 따라 써 봅시다.

기운 기

번개 전

'번개', '전기'라는 뜻이고, '전'이라고 읽어요.
'전기', '전화' 할 때 쓰는 한자예요.

비가 내릴 때 번개가 떨어지는 모양에서 만들어진 글자예요.

電電電電電電電電電電電電電 부수 雨 총획 13획

| 번개 전 | 번개 전 | 번개 전 | 번개 전 |

| 번개 전 | 번개 전 | 번개 전 | 번개 전 |

| 번개 전 | 번개 전 | 번개 전 | 번개 전 |

기운 기

'기운', '힘'이라는 뜻이고, '기'라고 읽어요.
'기분', '기온' 할 때 쓰는 한자예요.

내뿜는 입김과 뜨거운 밥에서 올라오는 김에서,
'기운'을 나타내게 되었어요.

氣 氣 氣 氣 氣 氣 氣 氣 氣 氣

부수 气 총획 10획

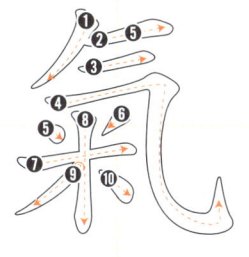

| 기운 기 | 기운 기 | 기운 기 | 기운 기 |

| 기운 기 | 기운 기 | 기운 기 | 기운 기 |

| 기운 기 | 기운 기 | 기운 기 | 기운 기 |

Day 18 — 工자와 場자를 배워요.

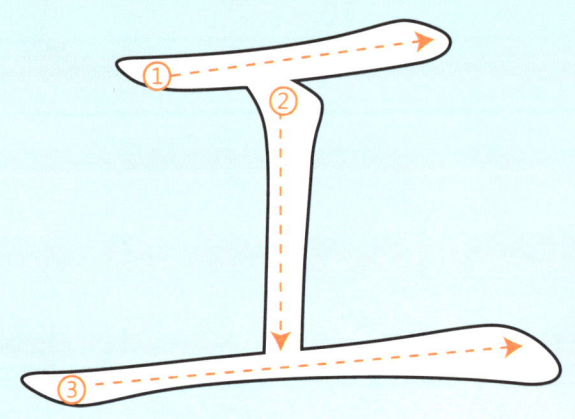

장인 공

자동차 공장에 견학을 하러 갔어요. 기술자들이 모여서 뚝딱뚝딱 자동차를 만들고 있었지요. 아래 그림을 보고 '공장'을 나타내는 한자를 따라 써 봅시다.

마당 장

장인 공

'장인', '솜씨'라는 뜻이고, '공'이라고 읽어요.
'공장', '인공' 할 때 쓰는 한자예요.

일을 할 때 쓰는 직각자의 모양에서 만들어진 글자예요.

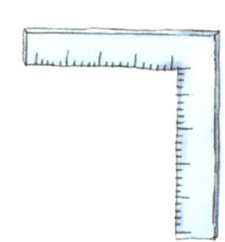

工 工 工

부수 工   총획 3획

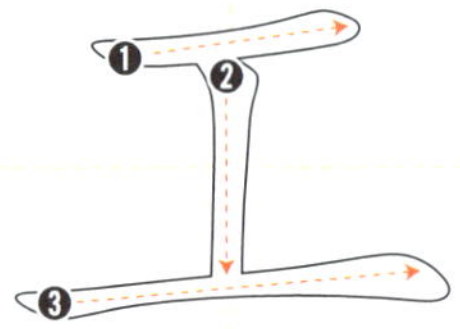

장인 공 | 장인 공 | 장인 공 | 장인 공

장인 공 | 장인 공 | 장인 공 | 장인 공

장인 공 | 장인 공 | 장인 공 | 장인 공

마당 장

'마당', '장소'라는 뜻이고, '장'이라고 읽어요.
'장면', '장소' 할 때 쓰는 한자예요.

햇볕이 잘 들고 비교적 넓은 양지 쪽의 땅에서, '마당'을 나타내게 되었어요.

場 場 場 場 場 場 場 場 場 場 場 場

부수 土　**총획** 12획

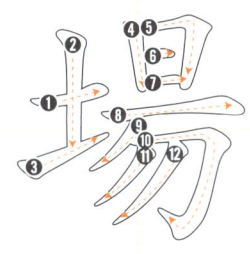

| 마당 장 | 마당 장 | 마당 장 | 마당 장 |

| 마당 장 | 마당 장 | 마당 장 | 마당 장 |

| 마당 장 | 마당 장 | 마당 장 | 마당 장 |

4주차 장소를 배워요

Day 19 車자와 道자를 배워요.

수레 차/거

아이코, 깜짝이야! 차들이 다니는 길에서 공놀이하는 것은 정말 위험해요.
아래 그림을 보고 '차'와 '길'을 나타내는 한자를 따라 써 봅시다.

길 도

수레 차/거

'수레'라는 뜻이고, '차' 또는 '거'라고 읽어요.
'기차', '자전거' 할 때 쓰는 한자예요.

바퀴가 있는 수레 모양에서 만들어진 글자예요.

車 車 車 車 車 車 車

부수 車 총획 7획

수레 차/거	수레 차/거	수레 차/거	수레 차/거
수레 차/거	수레 차/거	수레 차/거	수레 차/거
수레 차/거	수레 차/거	수레 차/거	수레 차/거

길 도

'길', '방법'이라는 뜻이고, '도'라고 읽어요.
'도로', '도구' 할 때 쓰는 한자예요.

머리를 앞으로 향하게 하고 나아가는 모습에서, '길'을 나타내게 되었어요.

道 道 道 道 道 道 道 道 道 道 道 道 道   부수 辶   총획 13획

길 도	길 도	길 도	길 도
길 도	길 도	길 도	길 도
길 도	길 도	길 도	길 도

4주차 장소를 배워요

Day 20 世자와 間자를 배워요.

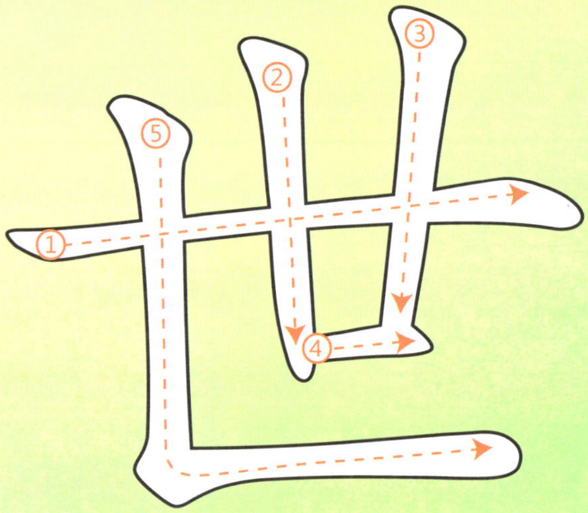

世 인간 세

인터넷을 통해 우리는 세상에서 일어난 일을 쉽게 찾아볼 수 있어요.
아래 그림을 보고 '인간'과 '사이'를 나타내는 한자를 따라 써 봅시다.

사이 간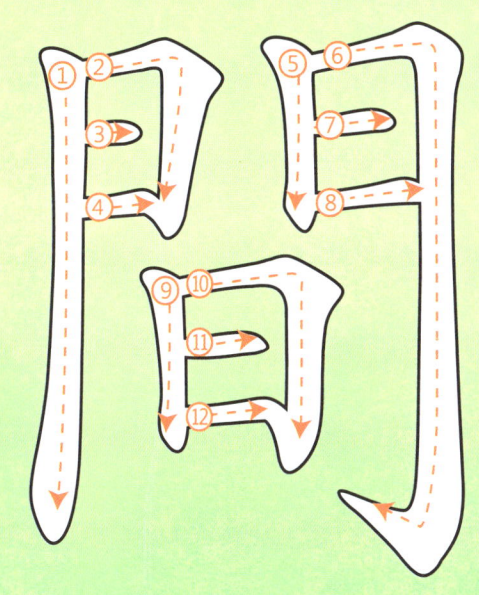

인간 세

'인간', '세대'라는 뜻이고, '세'라고 읽어요.
'세상', '후세' 할 때 쓰는 한자예요.

일 년에 한 번씩 새로 싹을 틔우는 이파리의 모습에서, '한 해'를 나타내게 되었어요.

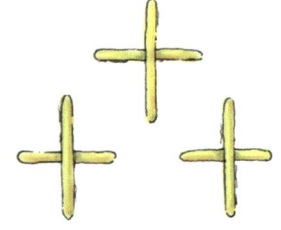

世 世 世 世 世

부수 一   총획 5획

| 인간 세 | 인간 세 | 인간 세 | 인간 세 |

| 인간 세 | 인간 세 | 인간 세 | 인간 세 |

| 인간 세 | 인간 세 | 인간 세 | 인간 세 |

사이 간

'사이', '동안'이라는 뜻이고, '간'이라고 읽어요.
'간식', '방앗간' 할 때 쓰는 한자예요.

문틈으로 햇빛이 들어오는 모양에서 만들어진 글자예요.

間 間 間 間 間 間 間 間 間 間 間 間

부수 門 총획 12획

| 사이 간 | 사이 간 | 사이 간 | 사이 간 |

| 사이 간 | 사이 간 | 사이 간 | 사이 간 |

| 사이 간 | 사이 간 | 사이 간 | 사이 간 |

4주차 장소를 배워요

나는야 급수왕!

1. 다음 한자에 맞는 뜻과 독음(읽는 소리)을 찾아 줄을 잇고 큰 소리로 읽어 보세요.

① 工 ・　・ 길, 방법 ・　・ 간

② 道 ・　・ 장인, 솜씨 ・　・ 도

③ 間 ・　・ 사이 ・　・ 공

2. 다음 그림을 보고 연상되는 한자의 뜻과 독음(읽는 소리)을 쓰세요.

① 　비가 내릴 때 번개가 떨어지는 모양에서 만들어진 글자예요.

뜻　　　　　음

② 　바퀴가 있는 수레 모양에서 만들어진 글자예요.

뜻　　　　　음

3. 다음 밑줄 친 낱말을 한자로 바르게 쓴 것을 고르세요.

> 보기 ㄱ 電   ㄴ 四   ㄷ 內   ㄹ 車

① 따뜻한 봄 햇살이 집 <u>안</u>을 가득히 채웠어요.

② 맑은 하늘에 별안간 <u>번개</u>가 쳤어요.

③ 빈 <u>수레</u>가 요란하다.

4. 다음 한자어 퍼즐에서 한자의 독음(읽는 소리)을 쓰세요.

① 服, 옷 복
內 복
hint 겉옷 '안'에 입는 옷을 말해요.
복

② 汽, 김 기
기 車
hint 증기를 이용해 철도를 다니는 '차'를 말해요.
기

③ 路, 길 로
道 로
hint '길'을 말해요.
로

④ 食, 밥 식
間 식
hint 끼니 '사이'에 먹는 음식을 말해요.
식

5. 다음 밑줄 친 낱말을 한자로 바르게 쓴 것을 고르세요.

> 보기   ㄱ 電車   ㄴ 車道   ㄷ 室內   ㄹ 世上

① 비가 와서 <u>실내</u> 체육관에서 수업을 했어요.

② <u>차도</u>에서 뛰어 놀면 위험해요.

③ <u>세상</u>에서 엄마, 아빠가 제일 좋아요.

6. 다음 뜻과 음에 알맞게 한자를 완성하세요.

①
인간 **세**

②
저자 **시**

③
기운 **기**

④
마당 **장**

7. 다음 이야기를 읽고, 속담과 고사성어를 천천히 따라 써 보세요.

천 리나 되는 거리를 가려 해도 먼저 한 걸음부터 떼야겠지요? '천 리 길도 한 걸음부터'라는 속담은 무슨 일이나 그 일의 시작이 중요하다는 뜻입니다.

비슷한 뜻을 가진 고사성어로는 '높은 곳에 오르려면 낮은 곳에서부터 오른다'는 뜻의 '등고자비(登高自卑)'라는 말이 있어요.

여러분도 결심한 것이 있다면 미루지 말고 바로 지금 시작하세요. 어느날 뒤돌아보면 오늘 결심했던 것이 다 이루어져 있을 거예요.

✏️ **속담 쓰기**

천	리		길	도		한		걸
음	부	터						

✏️ **고사성어 쓰기**

登	高	自	卑
오를 **등**	높을 **고**	스스로 **자**	낮출 **비**

↳ 여기에서는 '~로부터'라는 뜻으로 쓰였어요.

나는야 놀이왕!

긴급 출동

불이 났어요. 소방차가 제대로 도착할 수 있도록 갈림길에 있는 한자의 바른 소리를 따라 길을 찾아보세요.

알록달록 색칠하기

한자의 뜻과 소리를 큰 소리로 읽어 보세요. 그리고 그림에 있는 번호에 따라 색을 칠해 그림을 완성해 보세요.

보기
- 🔴 氣 기운 기
- 🟡 場 마당 장
- 🟠 道 길 도
- 🟣 間 사이 간
- 🔵 工 장인 공
- 🟢 電 번개 전

5주차

가치를 배워요.

- **21일** 孝자와 心자를 배워요.
- **22일** 平자와 安자를 배워요.
- **23일** 正자와 直자를 배워요.
- **24일** 每자와 事자를 배워요.
- **25일** 不자와 休자를 배워요.
- **놀이왕** 바나나는 어디에? / 동물 친구 옷 입히기

Day 21 孝자와 心자를 배워요.

효도 효

토닥토닥, 할아버지와 할머니의 어깨를 주물러 드려요. 효도하면 마음이 즐거워지지요.
아래 그림을 보고 '효도'와 '마음'을 나타내는 한자를 따라 써 봅시다.

마음 심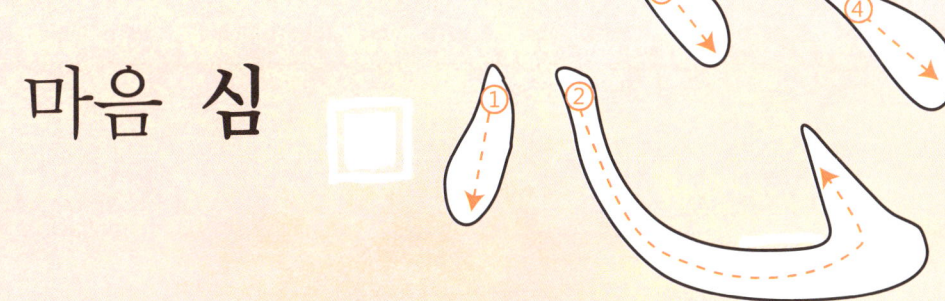

효도 효

'효도(하다)'라는 뜻이고, '효'라고 읽어요.
'효도', '효자' 할 때 쓰는 한자예요.

자식이 부모를 업고 있는 모양에서, '효도'를 나타내게 되었어요.

孝 孝 孝 孝 孝 孝 孝

부수 子 총획 7획

효도 효	효도 효	효도 효	효도 효
효도 효	효도 효	효도 효	효도 효
효도 효	효도 효	효도 효	효도 효

마음 심

'마음', '가운데'라는 뜻이고, '심'이라고 읽어요.
'중심', '안심' 할 때 쓰는 한자예요.

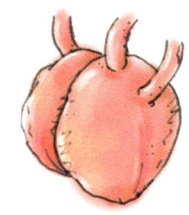

사람 몸 속에 있는 심장을 본뜬 것에서 만들어진 글자예요.

心 心 心 心

급수 7급 부수 心 총획 4획

마음 심	마음 심	마음 심	마음 심
마음 심	마음 심	마음 심	마음 심
마음 심	마음 심	마음 심	마음 심

5주차 가치를 배워요

Day 22 平자와 安자를 배워요.

平

평평할 평

잠든 아기 모습은 마치 천사 같아요. 아기를 바라보면 내 마음까지도 편안해지지요.
아래 그림을 보고 '평평하다'와 '편안하다'를 나타내는 한자를 따라 써 봅시다.

편안 안

평평할 평

'평평하다'라는 뜻이고, '평'이라고 읽어요.
'수평', '평생' 할 때 쓰는 한자예요.

저울대가 균형을 이루는 모양에서 만들어진 글자예요.

平 平 平 平 平

부수 干 총획 5획

평평할 평	평평할 평	평평할 평	평평할 평
평평할 평	평평할 평	평평할 평	평평할 평
평평할 평	평평할 평	평평할 평	평평할 평

편안(편안하다) 안

'편안하다'라는 뜻이고, '안'이라고 읽어요.
'안녕하세요', '안전' 할 때 쓰는 한자예요.

집안에 앉아 있는 여자의 모습에서, '편안하다'라는 뜻을 나타내게 되었어요.

安 安 安 安 安 安

부수 宀 총획 6획

편안 안	편안 안	편안 안	편안 안
편안 안	편안 안	편안 안	편안 안
편안 안	편안 안	편안 안	편안 안

5주차 가치를 배워요

Day 23 正자와 直자를 배워요.

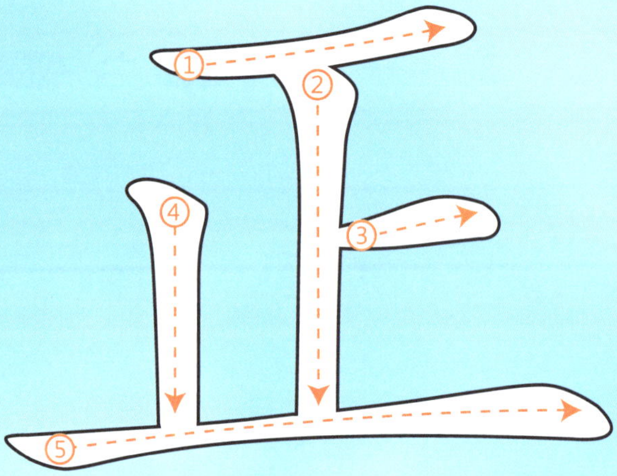

바를 정

길에서 주운 지갑을 경찰서에 가져다주었어요. 바르고 솔직한 마음으로 말이에요.
아래 그림을 보고 '바르다'와 '곧다'를 나타내는 한자를 따라 써 봅시다.

곧을 직

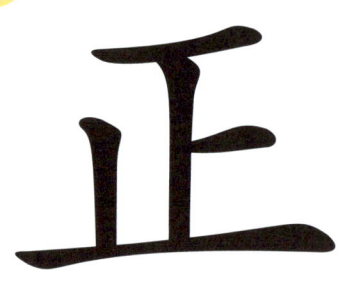

바를(바르다) 정

'바르다', '옳다'라는 뜻이고, '정'이라고 읽어요.
'정직', '정답' 할 때 쓰는 한자예요.

목표 지점을 향하여 곧바로 나아가는 사람의 모습에서 만들어진 글자예요.

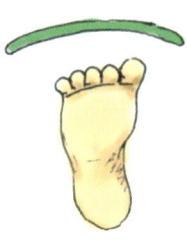

正 正 正 正 正

부수 止   총획 5획

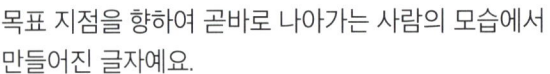

바를 정	바를 정	바를 정	바를 정
바를 정	바를 정	바를 정	바를 정
바를 정	바를 정	바를 정	바를 정

곧을(곧다) 직

'곧다', '바르다'라는 뜻이고, '직'이라고 읽어요.
'직선', '솔직하다' 할 때 쓰는 한자예요.

똑바로 서 있는 물체를 바라보는 모습에서, '바르다'라는 뜻을 나타내게 되었어요.

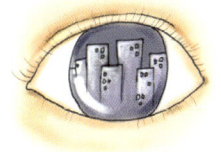

直 直 直 直 直 直 直 直

부수 目　**총획** 8획

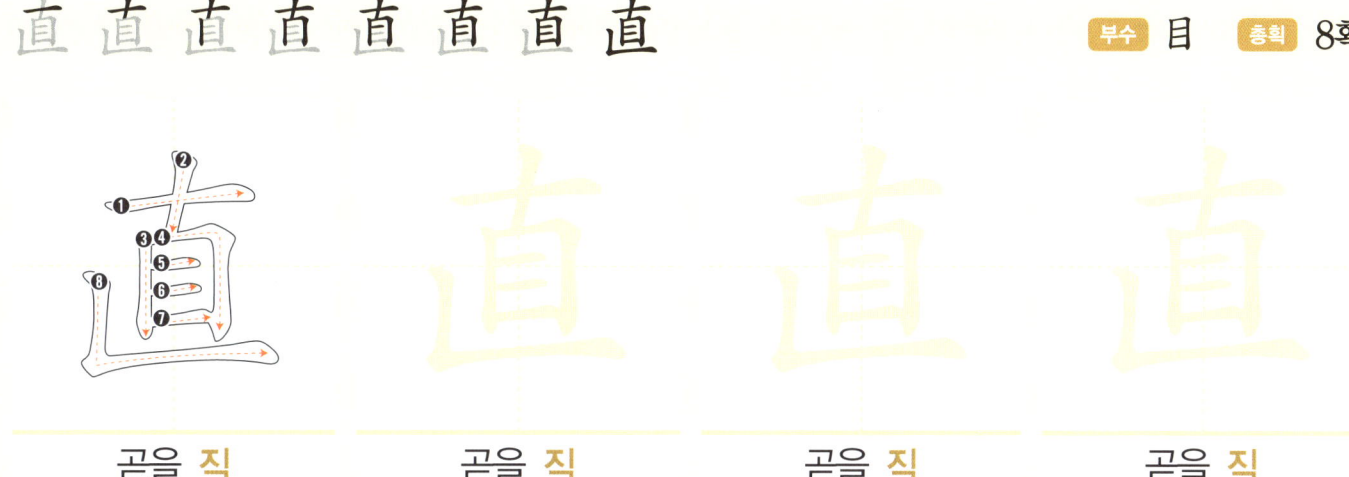

| 곧을 직 | 곧을 직 | 곧을 직 | 곧을 직 |

| 곧을 직 | 곧을 직 | 곧을 직 | 곧을 직 |

| 곧을 직 | 곧을 직 | 곧을 직 | 곧을 직 |

5주차 가치를 배워요　135

Day 24 每자와 事자를 배워요.

매양 매

자기 일은 스스로 하는 것이 중요해요. 준비물도 혼자서 척척 준비해요.
아래 그림을 보고 '매양(언제나)'과 '일'을 나타내는 한자를 따라 써 봅시다.

일 사

매양 매

'늘', '매양'이라는 뜻이고, '매'라고 읽어요.
'매일', '매사' 할 때 쓰는 한자예요.

머리에 비녀를 꽂고 앉아 있는 어머니 모습에서, '늘'이라는 뜻을 나타내게 되었어요. 자식에게 어머니는 항상 좋은 사람이니까요.

每 每 每 每 每 每 每

부수 母　총획 7획

매양 매　매양 매　매양 매　매양 매

매양 매　매양 매　매양 매　매양 매

매양 매　매양 매　매양 매　매양 매

일 사

'일'이라는 뜻이고, '사'라고 읽어요.
'인사', '사무실' 할 때 쓰는 한자예요.

신에게 기원하는 말을 쓴 나무조각을 손에 들고 있는 모습으로, '일'을 나타내게 되었어요.

事 事 事 事 事 事 事 事

부수 亅 총획 8획

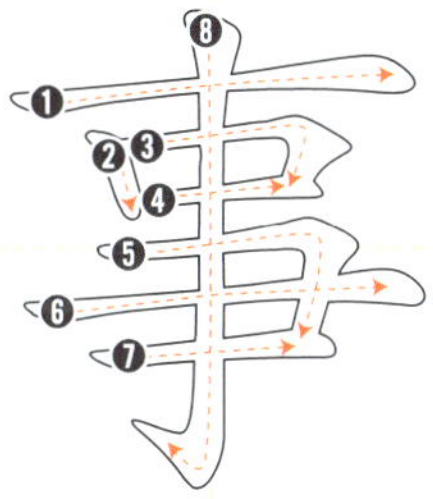

일 사	일 사	일 사	일 사
일 사	일 사	일 사	일 사
일 사	일 사	일 사	일 사

5주차 가치를 배워요

Day 25 不자와 休자를 배워요.

아닐 불

어미 새가 둥지에 있는 새끼들에게 쉬지 않고 먹이를 물어다 주어요.
아래 그림을 보고 '아니다'와 '쉬다'를 나타내는 한자를 따라 써 봅시다.

쉴 휴 休

아닐(아니다) 불

다음 글자가 ㄷ이나 ㅈ으로 시작하면 '부'라고 말해요.

'아니다'라는 뜻이고, '불' 또는 '부'라고 읽어요.
'불효', '부정' 할 때 쓰는 한자예요.

새가 하늘 높이 올라가 돌아오지 않는 모양에서 만들어진 글자예요.

不 不 不 不

부수 一　총획 4획

아닐 불　아닐 불　아닐 불　아닐 불

아닐 불　아닐 불　아닐 불　아닐 불

아닐 불　아닐 불　아닐 불　아닐 불

쉴(쉬다) 휴

'쉬다' 라는 뜻이고, '휴'라고 읽어요.
'휴식', '휴일' 할 때 쓰는 한자예요.

사람이 나무 그늘에서 쉬는 모습에서 만들어진 글자예요.

休 休 休 休 休 休

급수 7급 　 부수 亻 　 총획 6획

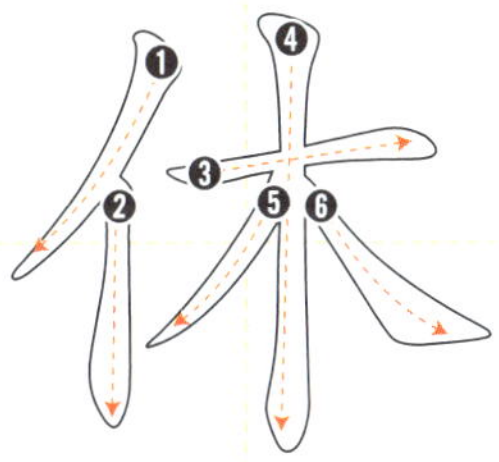

쉴 휴	쉴 휴	쉴 휴	쉴 휴
쉴 휴	쉴 휴	쉴 휴	쉴 휴
쉴 휴	쉴 휴	쉴 휴	쉴 휴

5주차 가치를 배워요

나는야 급수왕!

1. 다음 한자에 맞는 뜻과 독음(읽는 소리)을 찾아 줄을 잇고 큰 소리로 읽어 보세요.

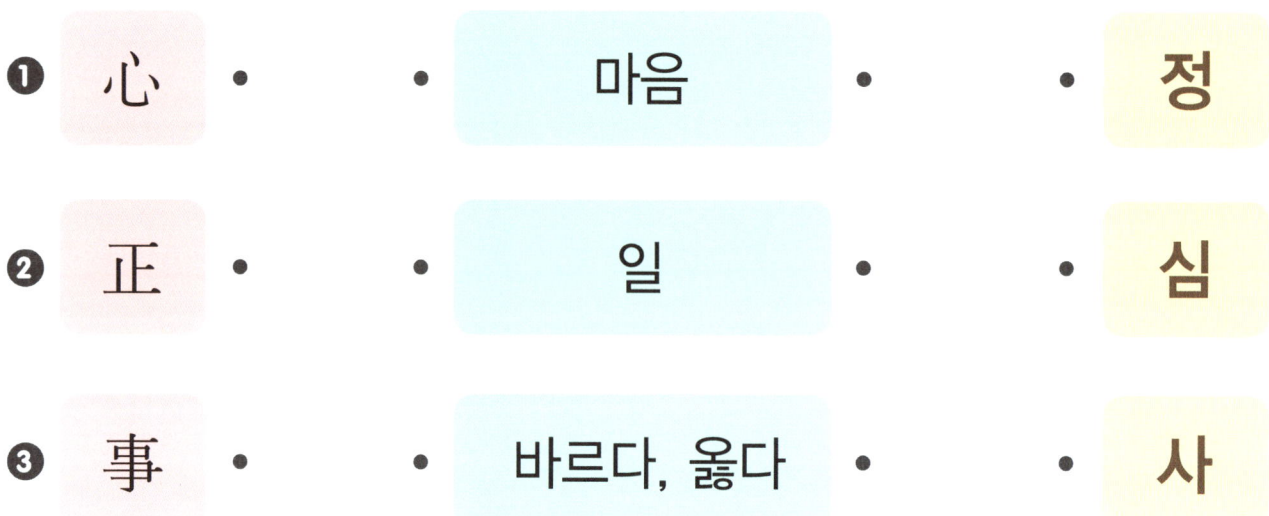

2. 다음 그림을 보고 연상되는 한자의 뜻과 독음(읽는 소리)을 쓰세요.

❶

저울대가 균형을 이루는 모양에서 만들어진 글자예요.

❷

사람이 나무 그늘에서 쉬는 모습에서 만들어진 글자예요.

3. 다음 밑줄 친 낱말을 한자로 바르게 쓴 것을 고르세요.

① 승희는 엄마가 보내준 편지를 읽고 **마음**이 따뜻해졌어요.

② 아버지는 집을 짓기 위해 먼저 기둥을 **곧게** 세웠어요.

③ 아버지는 휴일에도 **쉬지** 않고 일을 하십니다.

4. 다음 한자어 퍼즐에서 한자의 독음(읽는 소리)을 쓰세요.

5. 다음 밑줄 친 낱말을 한자로 바르게 쓴 것을 고르세요.

> **보기** ㄱ 孝心   ㄴ 正直   ㄷ 休日   ㄹ 不休

❶ 5월 5일은 <u>휴일</u>이에요.

❷ 엄마는 항상 <u>정직</u>하라고 말하셨어요.

❸ 심청은 <u>효심</u>이 깊어 아버지를 정성껏 모셨어요.

6. 다음 뜻과 음에 알맞게 한자를 완성하세요.

❶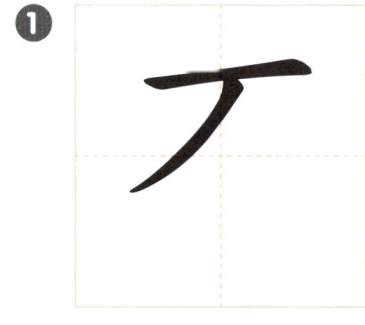
아닐 불

❷
평평할 평

❸
편안 안

❹
매양 매

7. 다음 이야기를 읽고, 속담과 고사성어를 천천히 따라 써 보세요.

'낫 놓고 기역 자도 모른다'는 무슨 뜻의 속담일까요? '낫'은 곡식, 나무, 풀 따위를 벨 때 사용하는 농기구로, 둥글게 굽은 칼날에 손잡이를 붙여 만들어요. 그런 낫을 앞에 두고서도 그것이 'ㄱ'자와 같은 모양인지 모르다니! 이 속담은 아주 무식한 사람을 비유할 때 쓰지요. 이렇게 무식한 사람이 되지 않으려면 책도 많이 읽고, 호기심을 갖고 무엇을 알려고 애써야 해요.

비슷한 뜻을 가진 고사성어로는 '눈으로 보고도 한자 중에 가장 쉬운 글자인 丁자를 알아보지 못한다'는 뜻인 '목불식정(目不識丁)'이라는 말이 있어요.

✏️ 속담 쓰기

낫		놓	고		기	역		자	도	V
모	른	다								

✏️ 고사성어 쓰기

目	不	識	丁
눈 목	아니 불	알아볼 식	고무래 정

나는야 놀이왕!

바나나는 어디에?

원숭이가 가장 좋아하는 바나나는 어디에 있나요? 갈림길에 있는 한자의 바른 소리를 따라 길을 찾아 보세요.

동물 친구 옷 입히기

강아지에게 예쁜 옷을 입혀 보아요. 한자에 알맞은 뜻과 소리를 찾아 줄로 이어 보세요.
그리고 큰 소리로 읽어 보세요.

편안 안

바를 정

마음 심

평평할 평

파워가 업그레이드 되는

슈퍼 부록

- 슈퍼 그림한자50 모아보기
  (한자능력검정시험 7급Ⅱ)
- 한자능력검정시험 대비 7급Ⅱ 문제지
- 정답

슈퍼 그림한자50 모아보기

모아보기에서는 한자능력시험 7급II 한자 50자와 본 책에 수록된 한자를 모아 가나다 순으로 실었습니다.

ㄱ
家 집 가		80
間 사이 간		112
江 강 강		44
工 장인 공		104
空 빌(비다) 공		28
口 입 구 (7급)		72
氣 기운 기		100
記 기록할 기		3단계 80

ㄴ
男 사내 남		68
內 안 내		96
農 농사 농		3단계 52

ㄷ/ㄹ
答 대답 답		3단계 112
道 길 도		108
動 움직일 동		52
力 힘 력		3단계 128
立 설(서다) 립		3단계 132

ㅁ
每 매양 매		136
名 이름 명		84
物 물건 물		52
命 목숨 명 (7급)		56

ㅂ
方 모 방		24
不 아닐 불(부)		140

ㅅ
事 일 사		136
上 윗 상		12
夕 저녁 석 (7급)		48
姓 성(성씨) 성		84
世 인간 세		112
手 손 수		76
市 저자 시		96
時 때 시		28
食 밥(먹을) 식		72
心 마음 심 (7급)		124

ㅇ
安 편안(편안하다) 안		128
然 그럴(그러하다) 연 (7급)		40
午 낮 오		48
右 오른 우		16

ㅈ
子 아들 자		68
自 스스로 자		40
場 마당 장		104
電 번개 전		100
全 온전(온전하다) 전		24
前 앞 전		20
正 바를(바르다) 정		132
足 발 족		76
左 왼 좌		16
主 임금/주인 주 (7급)		80
直 곧을(곧다) 직		132

ㅊ/ㅍ
車 수레 차(거)		108
平 평평할 평		128

ㅎ
下 아래 하		12
漢 한나라 한		3단계 108
海 바다 해		44
話 말씀 화		3단계 136
活 살(살다) 활		56
孝 효도 효		124
後 뒤 후		20
休 쉴(쉬다) 휴 (7급)		140

한자능력검정시험 대비 7급Ⅱ 문제지

| 7級Ⅱ | 60문항 | 50분 시험 | 시험일자: 20 . . . |

성명 _____ 수험번호 ☐☐☐-☐☐-☐☐☐☐

*성명과 수험번호를 쓰고 문제지와 답안지는 함께 제출하세요.

[문제 1-22] 다음 밑줄 친 漢子語의 音(음:소리)을 쓰세요.

> 보기
> 漢字 ➡ 한자

[1] 인근 **火山**이 폭발했습니다.

[2] 경기장에 여러 **國家**의 국기가 걸렸습니다.

[3] **父母**님께 카네이션을 달아드렸습니다.

[4] 우리는 한 겨레, 한 **兄弟**입니다.

[5] **學校** 건너편이 바로 우리집입니다.

[6] **敎室**에서 뛰면 안 됩니다.

[7] 구경 온 사람들로 **市內**가 붐볐습니다.

[8] 우리나라 **力道** 선수가 금메달을 땄습니다.

[9] 나는 **每日** 아침 체조를 합니다.

[10] 나는 **三寸**과 함께 수영장에 갔습니다.

[11] 히말라야는 **世上**에서 가장 높은 곳입니다.

[12] 손님이 오셔서 **大門**을 활짝 열었습니다.

[13] 이곳은 **孝子**와 효부를 기리는 사당입니다.

[14] 항상 올바르게 **生活**해야 합니다.

[15] **間食**으로 핫도그를 먹었습니다.

[16] 동물원에서 희귀한 **動物**을 보았습니다.

[17] **農夫**들이 노래를 부르며 모내기를 합니다.

[18] 그는 아시아에서 **有名**한 가수입니다.

[19] 항상 **安全**에 신경 써야 합니다.

[20] 할아버지에게 **電話**를 걸었습니다.

[21] 다섯 달 동안 건물을 **工事**했습니다.

[22] **木手**들이 사원을 보수했습니다.

[문제 23-42] 다음 漢子의 訓(훈:뜻)과 音(음:소리)을 쓰세요.

> 보기
> 字 ➡ 글자 자

[23] 氣

[24] 農

[25] 道

[26] 每

[27] 物

[28] 不

[29] 市

[30] 電

[31] 直

[32] 後

[33] 間

[34] 立

[35] 上

[36] 食

[37] 子

[38] 前

[39] 正

[40] 足

[41] 左

[42] 海

[문제 43-44] 다음 밑줄 친 단어의 漢子語의 漢子를 〈보기〉에서 찾아 그 번호를 쓰세요.

〈보기〉
①正答 ②正直 ③江海 ④江川

[43] 연어는 **강해**를 오가며 삽니다.

[44] 아버지는 **정직**을 최고로 여깁니다.

[문제 45-54] 다음 漢字의 訓(훈: 뜻)과 音(음: 소리)에 맞는 漢字를 〈보기〉에서 골라 그 번호를 쓰세요.

〈보기〉
①江 ②工 ③空 ④動
⑤世 ⑥時 ⑦右 ⑧全
⑨平 ⑩孝

[45] 효도 효

[46] 때 시

[47] 움직일 동

[48] 빌(비다) 공

[49] 인간 세

[50] 오른 우

[51] 평평할 평

[52] 강 강

[53] 장인 공

[54] 온전 전

[문제 55-56] 다음 漢字의 상대 또는 반대되는 漢字를 〈보기〉에서 골라 그 번호를 쓰세요.

〈보기〉
①南 ②三 ③父 ④四

[55] (   ) ↔ 母

[56] (   ) ↔ 北

[문제 57-58] 다음 뜻에 맞는 漢字語를 〈보기〉에서 골라 그 번호를 쓰세요.

〈보기〉
①時間 ②草木 ③草家 ④間食

[57] 짚으로 지붕을 덮은 집.

[58] 끼니 사이에 먹는 음식.

[문제 59-60] 漢子의 진하게 표시한 획은 몇 번째에 쓰는지 〈보기〉에서 그 번호를 쓰세요.

〈보기〉
①첫 번째   ②두 번째   ③세 번째
④네 번째   ⑤다섯 번째 ⑥여섯 번째
⑦일곱 번째 ⑧여덟 번째 ⑨아홉 번째
⑩열 번째

[59] 方   [60] 姓

정답: QR코드를 스캔하여 문제의 정답을 확인하세요.

정답

1주차

나는야 급수왕 (32쪽)

1.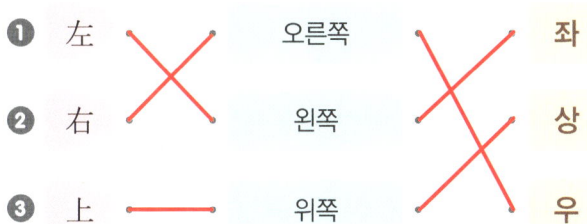

2. ① 뜻 앞 음 전 ② 뜻 때 음 시

3. ① ㄴ ② ㄱ ③ ㄹ

4. ① 후식 ② 시간 ③ 공책 ④ 사방

5. ① ㄱ ② ㄹ ③ ㄷ

6. ①  모 방
   ② 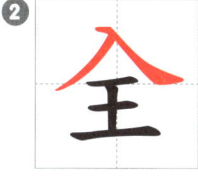 온전 전
   ③ 前 앞 전
   ④  때 시

나는야 놀이왕 (36쪽)

2주차

나는야 급수왕 (60쪽)

1.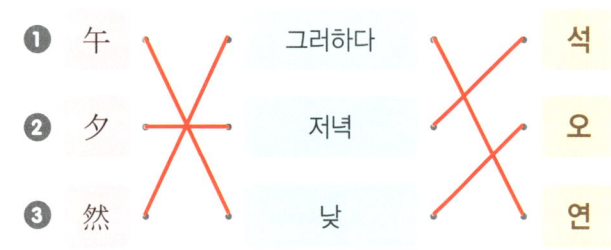

2. ① 뜻 스스로 음 자 ② 뜻 살(살다) 음 활
3. ① ㄱ ② ㄷ ③ ㄹ
4. ① 오전 ② 추석 ③ 운동 ④ 해녀
5. ① ㄴ ② ㄹ ③ ㄱ
6.
①  스스로 자
②  강 강
③  살 활
④  물건 물

나는야 놀이왕 (64쪽)

3주차

나는야 급수왕 (88쪽)

1. ① 口 — 입
   ② 足 — 발
   ③ 男 — 사내

   족 / 구 / 남 연결: 口-입-구, 足-발-족, 男-사내-남

2. ① 뜻 사내(사나이) 음 남 ② 뜻 입 음 구
3. ① ㄴ ② ㄱ ③ ㄹ
4. ① 수건 ② 입구 ③ 유명 ④ 초가
5. ① ㄹ ② ㄷ ③ ㄱ

6.
①  아들 자
②  임금 주
③  밥 식
④  성(성씨) 성

나는야 놀이왕 (92쪽)

4주차

나는야 급수왕 (116쪽)

1.

2. ① 뜻 번개 음 전　② 뜻 수레 음 차/거

3. ① ㄷ　② ㄱ　③ ㄹ

4. ① 내복　② 기차
   ③ 도로　④ 간식

5. ① ㄷ　② ㄴ　③ ㄹ

6.
①  인간 세
②  저자 시
③  기운 기
④  마당 장

나는야 놀이왕 (120쪽)

5주차

나는야 급수왕 (144쪽)

1.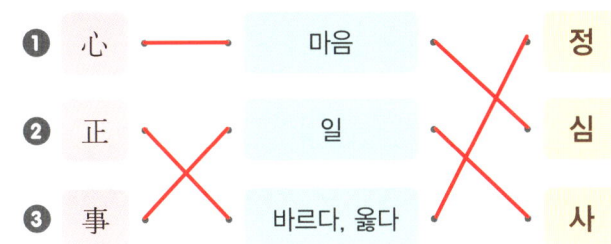

2. ① 뜻 평평할 음 평　② 뜻 쉴 음 휴

3. ① ㄷ　② ㄴ　③ ㄹ

4. ① 수평　② 정말　③ 안전　④ 불효

5. ① ㄷ　② ㄴ　③ ㄱ

6. ①  아닐 불　②  평평할 평
   ③ 安 편안 안　④ 每 매양 매

나는야 놀이왕 (148쪽)

하루 한 장 기적의 한자학습, 초등한자와 급수한자 7급Ⅱ를 한번에
슈퍼파워 그림한자 2단계

초판 1쇄 발행 | 2019년 8월 25일
초판 3쇄 발행 | 2021년 3월 10일

지은이 | 동양북스 교육콘텐츠연구회
발행인 | 김태웅
책임편집 | 양정화
디자인 | 남은혜, 신효선
마케팅 총괄 | 나재승
제 작 | 현대순

발행처 | (주)동양북스
등 록 | 제 2014-000055호
주 소 | 서울시 마포구 동교로22길 14 (04030)
구입 문의 | 전화 (02)337-1737 팩스 (02)334-6624
내용 문의 | 전화 (02)337-1763 dybooks2@gmail.com

ISBN 979-11-5768-522-6 73710

ⓒ 2019, 동양북스

▶ 본 책은 저작권법에 의해 보호를 받는 저작물이므로 무단 전재와 복제를 금합니다.
▶ 잘못된 책은 구입처에서 교환해 드립니다.